쓱쓱 싹싹

예쁘게 색칠도 하고 사라진 그림도 찾아 그려주세요

사랑하는 _____ 에게 _____ 가 드립니다

하늘
기획

애굽 왕은 이스라엘 사람들의
숫자가 늘어나는 것을 두려워했어요.
그래서 이스라엘에 태어나는 모든 남자아기는
강물에 던지라고 명령했어요.

요게벳은 그 명령을 어기고 아기를 몰래 숨겨서 키웠어요.

아기가 점점 자라서
더 이상은 숨겨서 키울 수 없게 되었어요.
아기를 갈대상자에 넣어 나일강에 띄웠어요.

물가에 놀러 나온 바로의 공주가 갈대상자를 발견했어요.
공주는 아기를 자신의 아들로 삼고 모세라고 불렀어요.

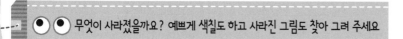

모세의 누나 미리암이
자기 엄마를 유모로 소개했어요.
어머니는 모세를 신앙으로 잘 키웠어요.

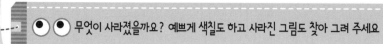

애굽 사람이 이스라엘 사람을
괴롭히는 모습을 본 모세는
화가 나서 그만 애굽 사람을 죽이고 말았어요.
모세는 너무 겁이 나서 멀리 도망갔어요.

모세는 호렙산에서
불타는 가시나무를 보았어요.
이스라엘 백성을 구하라는 하나님의
음성을 듣고 애굽 왕에게 말했어요.

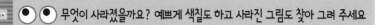

16

애굽 왕이 허락하지 않자 하나님은
열 가지 재앙을 애굽 땅에 내리셨어요.
하지만 애굽 왕은 이스라엘을 보내지 않았어요.

열 번째 재앙은
애굽 땅에 있는 사람과
짐승의 첫째가 죽는
아주 무서운 재앙이었어요.
이 재앙을 피하는 방법은
어린양의 피를 대문 틀에
바르는 거예요.

무엇이 사라졌을까요? 예쁘게 색칠도 하고 사라진 그림도 찾아 그려 주세요

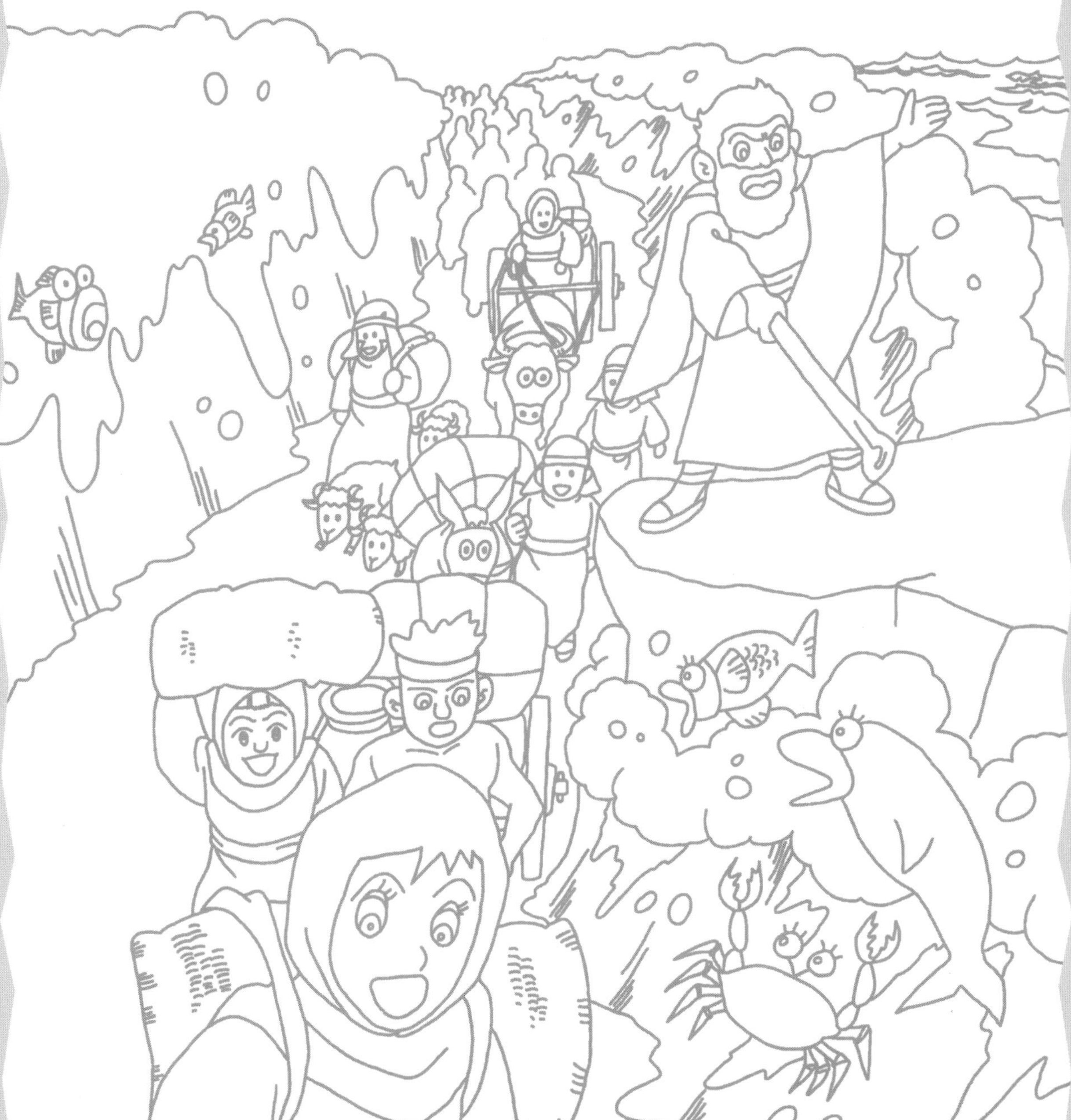

가나안을 향해 가던 이스라엘 백성에게 어려운 일이 생겼어요.
앞은 바다가 있고 뒤에는 애굽 군대가 쫓아 왔어요.
하나님이 바다를 가르셔서 백성들을 물 가운데로 지나가게 하셨어요.

하늘에서 만나와
메추라기를 내려 주셨어요.
밤에는 불기둥,
낮에는 구름기둥으로
인도하셨어요.

24

하나님의 말씀대로 살도록
십계명을 두 돌판에 새겨 주셨어요.

모세는 12명의 정탐꾼을
보내어 가나안 땅을 살펴보게 했어요.

28

가나안 땅은 곡식과 과일이
아주 크고 맛있게 잘 자라는 좋은 땅이었어요.
포도 한 송이를 두 사람이 메고 왔어요.

30

모세는 여호수아를 후계자로 세우고
느보산에 올라가 가나안 땅을 바라보았어요.
모세는 어려운 중에도 하나님의 말씀을 지켰어요.

물고기는 모두 몇 마리 일까요? ....개